SOUVENIR DE MON VILLAGE

HISTOIRE D'UN DRAPEAU

DE 1793

Par un Ancien Tisseur

(EX-VOLONTAIRE EN 1870-71)

LYON
IMPRIMERIE NOUVELLE
52, Rue Ferrandière, 52

1880

HISTOIRE D'UN DRAPEAU DE 1793

ou

SOUVENIR DE MON VILLAGE

Dédié à mon ami J. B.

HISTOIRE D'UN DRAPEAU DE 1793

OU

SOUVENIR DE MON VILLAGE

Dédié à mon ami J. B.

———————

Le Centenaire de 1889 est expiré et la France se trouve, en son intérieur, forte de son droit et de sa liberté, malgré ce que peuvent dire ses détracteurs, ennemis jurés de tout progrès et de toutes réformes, ou certains républicains de la veille qui, ne sachant rien du passé, vont, criant à tous les échos, que la République, depuis vingt ans qu'elle existe, n'a rien fait pour le bonheur du peuple.

Citoyens de mauvaise foi, qui savent très bien que, de 1870 à 1877, la République était entre les mains de ses plus terribles ennemis, qui n'attendaient qu'une occasion favorable pour lui faire un sort plus triste que celui qu'a eu son aînée de 1848, qui passa sur la France comme un rayon furtif, mais radieux et assez puissant pour enfanter le suffrage universel qui, vingt-deux années plus tard, devait nous amener sa brillante cadette, la troisième République.

Pas un vrai citoyen n'ignore que ce fut, grâce à l'ignorance et à l'obscurantisme, que son aînée fut trompée, puis étranglée au coup d'Etat, par un aventurier, digne émule d'un oncle qui avait violé la mère, la première République (1792), pour se substituer à elle ; prodiguant l'or et sacrifiant à son ambition, pendant quinze ans, le sang le plus pur de la France, en se disant effrontément le continuateur de l'immortelle Révolution. Infâme imposteur ! qui ne travaillait que pour lui et sa famille, égoïste odieusement oublieux de ce chacun doit à sa patrie !

Etrange représentant des droits de l'homme que celui détrônait les rois de l'Europe pour les remplacer par les membres de sa famille : créant ainsi une nouvelle noblesse, comme s'il n'était pas assez des membres épars qui restaient de celle que nos aieux ont eu tant de peine à vaincre, pour leur arracher ces fatals privilèges, cause odieuse de l'accumulation de misères et d'infamies supportées pendant des siècles.

Oui, ces républicains de la veille, en partie les plus radicaux et les plus intransigeants aujourd'hui n'ignorent pas que, de 1870 à 1877, la République n'existait que de nom. Quand on jette un regard en arrière, on reste stupéfait du travail accompli en si peu d'années, malgré les entraves de toute nature apportées au progrès par les réactionnaires de toutes nuances ; on n'a, pour cela, qu'à se rendre compte des améliorations survenues sous le rapport du rétablissement de notre armée et de son matériel ; de l'instruction gratuite et obligatoire ; des franchises municipales pour les campagnes qui restent libres de se choisir pour administrateurs, en faisant fi du fol orgueil local, les hommes les plus compétents en matière d'administration, qui, eux-mêmes, sachant se retirer, pour faire place aux jeunes qui, à leur école, ont appris les devoirs et les responsabilités de la municipalité.

Il arrive ainsi qu'après quelques vingt années de démocratie local, on peut, soit l'hiver au foyer, soit l'été, aux champs, s'entretenir des choses de la commune ; de même qu'un propriétaire raisonne avec des enfants sur la bonne gestion de ses biens. Je pourrais encore citer nombre de lois utiles, dont l'énumération serait trop longue.

Si la Grande Mère a été trompée, sa fille violée aussi, aimons la petite fille d'un amour pur et jaloux : voulant la conserver pour nos descendants comme un trésor pur de tout alliage, soyons aussi des amants farouches car elle a de faux amants qui, gantés, frisés et musqués, papillonnent autour d'elle et lui content fleurette pour l'attirer dans leurs pièges et lui faire subir le sort qu'ont eu sa Mère et sa Grand'Mère.

Soyons vigilants : Méfions-nous de ces Boulanger qui sous prétexte de pétrir du pain pour le peuple à l'exemple des anciens émigrés de Coblentz, vole à Jersey chercher à l'ombre du panache d'un général Fracasse le levain pour pétrir des brioches à notre bien-aimée, en attendant de pouvoir l'enserrer de leurs bras et l'étouffer à leur aise en compagnie du conscrit de Clairvaux.

C'est alors qu'il faudrait se lever comme un seul homme, de même qu'en 1793, et marcher au cri de : *Plutôt la mort que l'esclavage ; Guerre aux tyrans !*

Noble et fière devise, inscrite sur le drapeau de 1793, époque des Titans, où nos législateurs savaient mourir à leur poste, et ne connaissaient pas les trains rapides, pour mettre la frontière entre eux et la France leur patrie, où, dépourvus de tout, mais animés du feu sacré de la Patrie et comprenant la noble et sainte mission qu'ils avaient à accomplir trouvaient les moyens d'éclairer le peuple pendant que les légions de ses volontaires au nom des principes des droits de l'homme refoulaient du sol français l'Europe ameutée contre nous pour nous amener sous le joug de l'esclavage.

Quand on lit la déclaration des droits de l'homme et qu'on la compare aux phrases sonores mais vides de sens de nos revisionnistes d'aujourd'hui, on ne peut s'empêcher de les traiter de pantins politiques.

Pour savoir si cette fière devise : *Plutôt la mort que l'esclavage ! Guerre aux tyrans !* était une devise adoptée par la nation pour ses drapeaux ou avait été inscrite seulement pour la Commune elle-même sur son étendard.

J'ai fouillé les archives communales de Chatonnay où les documents de la grande époque révolutionnaire existent encore, mais rien n'a confirmé ma croyance à ce sujet.

Chatonnay était en 1793 le *deuxième* canton de Vienne, ainsi que l'atteste son drapeau, ses délibérations municipales se prenaient en pleine place publique, et il avait fourni en 1792 son petit contingent de volontaires,

Comme étant chef-lieu de canton, est-ce la Convention qui lui envoya son drapeau tricolore ou le pays lui-même qui l'adopta avec sa fière devise : mi-Girondine, mi-Montagnarde, on est pas fixé à ce sujet. Toujours est-il avéré qu'en 1783, déjà le peuple portait les trois couleurs, soit au bonnet phrygien, soit à l'habit, mais il n'est pas fait mention dans les archives du pays, qu'en 1792 les légions combattaient sous le drapeau aux trois couleurs, le drapeau blanc ayant dû exister jusqu'à la fin de Louis XVI, et l'on sait que la République n'a été proclamée que le 22 septembre 1792. Ce n'est qu'à partir de 1793 qu'on voit le drapeau tricolore flotter sur les armées ; il en est parlé au sujet du fameux combat que soutint le vaisseau le *Vengeur*, contre l'escadre anglaise, ne cette même année.

Des anciens du pays prétendaient que c'était les Volontaires qui l'avaient fait faire et l'avaient renvoyé à Chatonnay, lorsqu'ils furent incorporés.

Le drapeau est à peu près de la forme et dimension d'un drapeau actuel de régiment, il est tout en soie et frangé d'or, d'un côté sur le blanc est inscrit en gros caractères en lettre d'or.

PLUTOT LA MORT
QUE L'ESCLAVAGE
GUERRE AUX TYRANS
1793.

Sur l'autre face également en lettres d'or.

CHATONNAY IIme CANTON
DISTRICT DE VIENNE
DÉPARTEMENT DE L'IZÈRE

Sa lampe, surmontée d'une tête de femme coiffée du bonnet phrygien, est ornée de la cravate aux trois couleurs.

Il fut toujours conservé comme drapeau communal.

En 1834 un des fils de Louis-Philippe, allant de Grenoble à Lyon, fit halte à Bourgoin. La garde nationale de Chatonnay et des communes de la région fut convoquée pour aller rendre leurs hommages au prince. Les hommes qui la composaient étaient encore animés de sentiments libéraux.

Ils se rendirent à Bourgoin tambour battant drapeau flottant, ils présentèrent leur drapeau au prince qui, après avoir lu l'inscription le leur rendit en leur faisant d'un air rogue, cette laconique harangue, c'est bien !

Après la revue et le départ du prince pour Lyon, les gardes nationaux de Bourgoin, soudoyés sans doute, et excités par les libations qui ont lieu dans ces circonstances, s'affidèrent à ceux de quelques communes environnantes et tentèrent d'enlever le dit drapeau aux gardes de Chatonnay dans le but bien apparent de le détruire, il se produisit une affreuse bagarre où le sang coula abondamment.

Les gardes de Chatonnay malgré leur infériorité numérique, purent mais non sans peine sauver leur drapeau qui conserva lui-même les traces du combat.

Le commandant M. Pichat, notaire, homme d'un caractère énergique et éprouvé connaissant le point de départ de la querelle, demanda à ce sujet au Maire de Bourgoin une réparation par les armes. Il s'ensuivit un duel au pistolet où M. Pichat reçu une légère blessure ; la balle de son adversaire lui effleurant la tête, lui tourna un œil.

Pour parer à toute éventualité à l'avenir le commandant fit garder le drapeau à son domicile par son porte étendard et fit jurer à celui-ci de ne le remettre à personne.

Pour plus de sûreté, il fit coudre une double enveloppe blanche qui cachait l'inscription démocratique (sage précaution qui devait le sauver plus tard). L'étendard rentra à la mairie avec la République de 1848 qui devait si peu durer, car dès 1849 les persécutions contre les républicains commencèrent, mon pauvre père en fut une des premières victimes.

Après la violation de la Constitution par l'expédition de Rome, dirigée contre la Répubique romaine en vue de rétablir le Pape sur son trône. Ledru-Rollin représentant du peuple monta à la tribune et appela les Parisiens aux armes.

Il se rendit ensuite aux Arts et Métiers, pensant d'être suivi par la jeunesse, mais son espoir fut déçu, il fut entouré et arrêté.

Le contre-coup se fit sentir à Lyon, la Croix-Rousse commença des barricades, Givors, Oullins et les communes adjacentes étaient prêtes à seconder le mouvement.

Les chefs givordins Petetin, Cochard avaient déjà leurs hommes à Brignais ; Saint-Genis-Laval, secondé par Oullins, n'attendait plus que le signal pour renforcer Lyon. Mais le mouvement fut étouffé et les persécutions commencèrent.

Des citoyens furent enlevés à leur famille pour être expédiés à Lambessa (Afrique).

Givors fournit son contingent pour le fort de la Vitriolerie (Lyon). D'honnêtes commerçants furent contraints de quitter leur résidence dans les quinze jours et de se fixer dans la ville que leur désignait l'autorité préfectorale.

C'était la ruine et la misère pour la plupart d'entr'eux.

On envoya à mon père l'ordre d'avoir à fermer dans les vingt-quatre heures son établissement d'Oullins, et d'aller habiter Chatonay son pays natal.

Deux ans plus tard, le parjure, j'ai nommé Napoléon, fit sa tournée dans le Dauphiné pour se montrer aux populations préparées à cet effet par leurs maires, leurs curés, qui s'adjoignaient force moines et moinillons qui pullulaient à cet époque sur la France, comme les criquets en certains pays d'Afrique ! ce qui faisait dire à notre voisin Martin : Guillaume méfions nous les corbeaux conspirent. La population de Chatonnay et des environs se rendit en masse à Eclôse où le Prince-Président devait s'arrêter, mon père et ses amis gardèrent leur foyer, peu curieux de voir ce triste personnage ! Car ils pressentaient que cette promenade à travers la France était le prélude de quelques catastrophes.

En effet, le coup d'Etat, sanglante et hideuse boucherie, éclatait le 2 décembre suivant.

Je suivis la population vers Eclose, j'avais alors dix ans et comme à cet âge la curiosité nous attire irrésistiblement vers tout ce qui est susceptible de la piquer. Je me faufilais au premier rang ; c'est la seule fois que je vis ce bandit de près.

Le drapeau était porté par un nommé Piolat, noble vieillard amputé d'une jambe, blessure glorieuse, qu'il avait reçue à Austerlitz.

Les préfets et sous-préfets en habits galonnés, les maires ceints de leurs écharpes en sous-ventrières parcouraient et stimulaient les paysans pour leur faire crier : vive l'Empereur ! lorsque la voiture du prince apparaîtrait.

Enfin le cortège fut annoncé et la voiture parut, allant au pas pour donner aux badauds le temps de bien examiner celui qui allait sous peu leur ravir leurs libertés.

Le Président fit arrêter devant le drapeau et en serrant la main au repectable mutilé qui le portait, il lui glissa six ou sept pièces de 10 francs en or. Un préfet s'approchant alors étendit les plis du vieux drapeau pour lire le nom de la commune, le retourna dans le sens opposé, et fut trompé par la double enveloppe qui cachait sa mâle devise.

C'est ce qui sauva le drapeau ; car des témoins oculaires se rappellent très bien que tous ceux des communes qui assistaient à cette représentation furent visités scrupuleusement par ce préfet.

Le plus content de la journée fut le père Piolat qui avait touché la main du Neveu et palpé ses pièces en or.

(Cette route de Lyon à Grenoble était choisie de préférence par les têtes couronnées, Napoléon Iᵉʳ revenant de l'île d'Elbe la prit pour rentrer à Paris, les fils de Louis-Philippe la choisissaient pour leurs excursions extraordinaires, Badinguet la trouva bonne pour se rendre populaire, il est probable que si le cerveau de Boulanger est hanté d'un débarquement quelconque, il la choisisse comme pouvant lui porter bonheur, mais qu'il réfléchisse bien, car il pourrait y trouver au lieu du triomphe, la fameuse conduite de Grenoble).

Chacun s'en revint satisfait de sa journée, heureux d'avoir vu le Neveu du grand homme et trouvait qu'il avait l'air guerrier de son oncle.

Le drapeau fut reporté à la mairie en triomphe. L'Empire survint peu après, malgré l'opposition des citoyens de cœur qui prévoyaient que ce gouvernement au mirage trompeur s'écroulerait peu après en laissant la France dans le sang et les ruines.

Pauvre France ! Elle fut garottée et livrée à une bande d'aventuriers qui lui firent goûter les douceurs d'une paix qui eut pour lot, la Crimée, l'Italie, la Chine, la Syrie, le Mexique et le fatal dénouement de cette sanglante tragédie dont l'apothéose devait être Sedan.

Le département de l'Isère, qui depuis 1789 était à l'avant-garde de la liberté, avait suivi ce mouvement de recul, et était devenu à son insu complice de cette mascarade impériale dont presque tous les sujets portaient au front les stigmates de la bassesse, pour ne pas dire de l'infamie.

Pour arriver à ce résultat on avait couvert notre département de jésuites, moines et tous gens de même acabit.

Les frères ignorantins, dignes représentants de l'ignorance et du crétinisme, avaient remplacé dans nos écoles les instituteurs laïques, dont la plupart descendaient de nos montagnes et avaient enraciné dans leurs cœurs les principes de liberté et d'émancipation.

Mon pays lui-même, Chatonnay, était infesté de ce virus noir; il n'était pas une famille qui n'eût un ou plusieurs de ses membres enrôlés dans ces régiments sans matricule.

De là, avaient surgi ces miracles sans nombre de la Salette, de l'Ozier, du Diable, jusqu'à Diémoz qui, encore de nos jours, voulait nous faire avaler son *truc*, qui n'eut qu'un tort, celui d'arriver trop tard comme le cochon du père Gagne (1).

Quelques coins du département purent cependant se conserver intacts de ce phylloxera impérial. On citait Beaurepaire, Grenoble et ses montagnes dont les habitants voyant le soleil se lever plus tôt doivent nécessairement voir plus clair que nous.

En un mot, nous étions en état de léthargie, le réveil national commença à se dessiner en 1865. Les esprits s'éveillèrent; chacun voulut, au lieu de demeurer spectateur impassible, devenir acteur à son tour et changer un peu de rôle.

Dans les communes, les premiers rôles étaient tenus par le curé, le maire, l'adjoint, la mairesse, et la bigoterie figurait aussi sur la scène et dans les coulisses. Le conseil municipal n'existait que pour la forme et pour figurer près du maire. Si certains esprits ombrageux commentaient certains faits civils ou religieux, le curé aussitôt tonnait du haut de sa chaire et criait anathème contre le

---

(1) Le père Gagne avait une truie, qui mit bas treize petits. La mère n'ayant que douze tétines, le dernier ne put pas vivre faute de lait. Il y avait douze femelles, le treizième fut un mâle; le père Gagne dit à sa femme : Les femelles feront des liards, le mâle fera notre lard. Il eut les liards, mais il n'eut pas de lard. Ce qui fait qu'on dit chez nous d'une chose qui arrive trop tard : Être venu comme le cochon du père Gagne.

demi-philosophe ; le maire et l'adjoint s'en allaient disant : il ferait
bien mieux de travailler que de lire les journaux et s'occuper de
politique.

Jocrisse et Tartufe, ils se mêlaient de l'un et de l'autre et savaient, en bons compères, y trouver profit.

Ils savaient très bien que lorsque le paysan comprendrait que la
politique est de son intérêt, et qu'il saurait que l'argent qu'il verse
à son percepteur est rétribué : une part à l'Etat, une autre au département, et que la commune a la sienne ; qu'il est libre de se
choisir des représentants à la commune, au département, à l'Etat,
capables de prendre en mains ses intérêts, la face des choses
changerait.

C'est ce qui arriva chez nous.

En 1867, M. Faugier, maire de Vienne, étant décédé, il fallut
lui donner un successeur pour représenter la circonscription
comme député à l'assemblée législative. M. Joliot, avocat à
Vienne, fut le candidat patronné par le gouvernement impérial.

Les républicains lui opposèrent M. Briller, ancien représentant
du peuple, homme intègre, aux principes élevés, et qui n'avaient
pas craint d'exposer sa vie sur les barricades, aux côtés de
Baudin, pour faire respecter les droits du peuple violés au coup
d'Etat.

La démocratie commençait à se compter : outre les anciens
de 1848, une phalange de jeunes citoyens apportaient à l'actif son
concours viril et désintéressé. A lacampagne comme à la ville, la
lutte au début présentait des symptômes qui donnaient beaucoup à
réfléchir aux partisans de la candidature officielle.

Chatonnay surtout se distinguait par son ardeur à la lutte ; son
noble drapeau devait en subir les conséquences.

La coterie municipale qui soutenait le candidat officiel du
gouvernement, craignant d'être vaincu, fit appel au sous-préfet de
Vienne, qui promit de venir en personne à Chatonnay.

Au jour dit le maire convoqua le conseil en grande tenue, fit
appel aux gradés de la société de secours mutuels, aux membres
du bureau de bienfaisance, du conseil de fabrique, à tout le ban et
l'arrière-ban de la séquelle badinguiste sur qui l'on pouvait
compter, pour assister à l'hôtel de la Poste à un banquet que
devait présider M. le sous-préfet.

Aucun ne manqua à l'appel.

On vit ce jour-là sortir des habits de gala qui depuis plus de
vingt ans dormaient dans l'ombre des vieux bahuts.

Le sous-préfet fut reçu aux salves d'artillerie et le drapeau
communal fut hissé au sommet d'une tour, appelé tour du Calvaire,
qui domine le village.

Hélas ! il devait y trouver son calvaire. La ripaille impériale dura jusqu'à minuit ; chaque convive jura de tuer dans l'œuf le germe républicain représenté par quelques *voraces*, dénomination méprisante donnée à quelques tisseurs de soie.

Dans ce temps-là, les élections pour la Législative duraient deux jours, pour permettre aux malins de faire tout à leur aise de la prestidigitation dans les urnes électorales.

Les républicains ne s'endormaient pas ; chacun d'eux avait un rôle tracé et une rude tâche à accomplir, car il s'agissait de mettre au grand jour et de confondre par la persuasion et la vérité tout ce que le mensonge et la calomnie rééditait en ce temps-là.

L'élection eut lieu huit jours après. Le drapeau de 1793 flottait encore au sommet de la tour : il semblait encourager ses défenseurs à la lutte contre ces prétendus conservateurs qui n'ont jamais connu que l'art de détruire et d'opprimer ce qui est juste et grand.

Malgré tous les efforts de la réaction coalisée, Chatonnay fut la seule commune du canton où M. Briller obtint la majorité.

Les conservateurs ne purent facilement digérer cet insuccès. Ils tournèrent leur rage contre le pauvre drapeau communal qu'ils laissèrent pendant près d'un mois exposé à toutes les intempéries.

. On le voyait tous les jours s'effranger petit à petit et chacun cherchait un moyen de le délivrer.

Le pauvre Rigollier, dit Pierre la Bête, disait que n'était sa coqueluche, il se faisait fort de grimper comme un écureuil pour le sauver.

Le père Progrès ne parlait pas de tuer moins d'une demi-douzaine de badinguets pour le venger.

Un matin, le vieux drapeau apparut tout en loques, déchiquetté, flasque, ne tenant plus à la hampe que par l'énergie de quelques fils désespérés ; il n'y eut qu'un cri : il est perdu.

Le lendemain matin, quand Chatonnay se réveilla, il n'aperçut plus le drapeau ; la hampe elle-même avait disparu.

Le sacrilège était consommé et le crime accompli.

Plus cyniques que Ducros, l'ex-préfet à poigne de Lyon, qui fit brûler en cachette les drapeaux des légions du Rhône, notre maire et adjoint avaient détruit le leur à la vue de tout le monde.

Tant que je vivrai je garderai gravé dans ma mémoire le souvenir de la soirée de ce triste jour.

Au café Chapotat étaient attablés cinq citoyens, cinq vétérans de 1848, qui jamais n'avaient pardonné le crime de l'Empire : Chapotat dit le Progrès, Rigollier dit Pierre la Bête, Chapotat (Joseph) dit Dauphiné, Cochard (Joseph) dit zé Marteau, et Granjon (Louis) dit Mahomet.

L'indignation et la colère se lisaient sur leurs traits ; si le maire et l'adjoint fussent rentrés à ce moment, il auraient appris une leçon de bienséance.

Le père Progrès, rouge comme un coquelicot, parlait toujours de faire une hétacombe humaine ; Pierre la Bête disait à zé Marteau : Dire que mon père a gardé ce drapeau de 1834 à 1848 au dessus de la tête de son lit et le voir anéantir de cette façon, Zé, donne-moi ton bâton, si j'en rencontre un des deux je le lui fais avaler jusqu'au bout ; Dauphiné, dont le nez ce soir-là avait la danse de Saint-Guy, rageait, geignait, pleurait, maugréait, traitait les bourreaux de canailles, brigands ; se venger sur un drapeau, s'écriait-il, c'est n'avoir rien qui batte dans la poitrine. Mahomet, lui, invoquait l'ombre de Marat et de Robespierre ; à la Croix-Rousse, disait-il, des citoyens comme ça seraient à un bec de gaz, pendus dans les vingt-quatre heures ; ils n'ont pas servi dans le 6° léger (1).

Va me chercher le maire, dit le Progrès à Zet Marteau, toi qui ne lâche plus quand tu tiens, je lui arrache le foie où je veux qu'on me débaptise.

— Tu ne le ferais pas, répliqua Zet.

— Si je ne le fais pas, je veux que l'arc-en-ciel me serve de cravate.

Le père Maboule, attablé à une table voisine, cherchait à les exciter en les guoguenardant, selon son habitude, mais il était en suspicion, et le père Progrès, ce jour-là, n'était pas disposé pour la plaisanterie ; l'indignation l'avait un peu surexcité.

Où va-t-il mettre son nez, dit Dauphiné au père Progrès, mets-le donc un peu à sa place.

— Moi aussi je suis républicain, disait Maboule, je le suis depuis ma jeunesse.

— Tu nous emm..., dit le père Progrès, quand tu étais jeune tu avais toujours la chenille au nez ; maintenant tu manges à tous les rateliers, comme l'âne de la Marion Martin. Va-t-en pantin faire peigner par tes femmes ta barbe de bouc.

Se voyant remisé de la sorte, le père Maboule vit qu'on ne pouvait pas rire ce soir-là.

Non, le vieux drapeau, comme le guerrier antique, n'était pas exécuté ; on aurait dit, étonnante circonstance de son destin, qu'il attendait pour reparaître l'avènement de la troisième République.

---

(1) Le 6ᵐᵉ léger, en 1849, à Lyon, composé de beaucoup de Lyonnais et Dauphinois, s'était laissé enlever la plupart de ses postes et sembla faire cause commune avec les Croix-Roussiens.

Des mains pieuses avaient recueilli ses lambeaux et, sans en souffler mot, les avaient gardés. religieusement en attendant de meilleurs jours.

Les événements se précipitaient.

L'année 1870 vit la saturnale impériale ; elle débuta par l'assassinat de Victor Noir, puis vint la triste parodie qu'on appela plébiscite, et les républicains eurent encore à subir des exactions de toutes sortes.

Depuis 1867, Chatonnay était administré comme une ville en état de siège ; chaque semaine amenait sa ronde de gendarmerie, et — inévitable conséquence — les procès-verbaux de toute nature pleuvaient sur les habitants et débitants qui n'en pouvaient davantage. Soixante et dix républicains votèrent non, malgré l'effrayante pression de la tourbe impériale.

La guerre vint ensuite avec son lugubre cortège de deuils, revers, humiliations sans nom.

Le Prussien, sous sa lourde botte, foulait le sol français, et l'on vit encore au Quatre-Septembre les matamores impériaux faire un crime aux républicains, qui continuaient la lutte qu'ils avaient déchaînée, de ne pas s'abaisser à demander la paix aux vainqueurs lorsque la France avait encore ses meilleures places fortes, debout et fières et qui résistaient à l'envahisseur.

Un moment, on crut à un réveil national et patriotique.

C'était après la prise d'Orléans, l'armée de la Loire, organisée par la défense, tenait en souci les armées allemandes et ranimait le peu d'esspoir qui restait au fond de nos cœurs ; Garibaldi et ses volontaires battaient les Prussiens à plate couture ; les légions du Rhône se multipliaient et se couvraient de gloire partout où elles rencontraient l'ennemi. Des quatre coins de la France, des milliers de volontaires accouraient en masse pour voler au devant du danger. Paris investi était résolu à se défendre jusqu'à la dernière cartouche ; il tint parole et se battit jusqu'à sa dernière bouchée de pain. Mais la corruption et la peur paralysaient les meilleures volontés ; la maxime : Un pour tous, tous pour un n'existait plus, elle était remplacée par le : Chacun pour soi. L'Empire avait tout détruit et corrompu, jusqu'à la fibre patriotique.

Le père Progrès avait ses deux fils enrôlés : l'un dans la mobile et l'autre dans les corps-francs ; lui-même rageait contre ses mauvaises jambes qui se refusaient à suivre ses élans patriotiques et qui l'obligeait à garder son foyer.

Enfin, après un nombre infini de sacrifices inutiles. La France inanimée et sanglante fut réduite à signer la paix pour pouvoir panser ses blessures saignantes.

La République avait, comme sa grand'mère de 1792, une terrible liquidation à opérer ; elle se mit résolument à l'œuvre malgré les embarras sans nombre que chercha à lui susciter une réaction éhontée qui, comme les loups-cerviers sans vergogne, revenait encore à la charge contre cette proie qu'elle trouvait encore affriolante, mais la République avait des tuteurs qui possédaient forte poigne et bons crocs et qui surent la défendre contre leurs tentatives ; les 16 et 24 mai furent les derniers assauts qu'elle eut à soutenir contre ses adversaires.

Puis vint 1878, où la France se sentant solide prépara son exposition et décréta sa première fête nationale, le 30 juin de la même année.

Nous étions au mois de mai de cette année quand je dis à mon ami B. J... : Comme le vieux drapeau ferait bien son effet au 30 juin.

Il n'y faut pas penser me répondit-il, il a trop de mal ; je ne l'ai pas regardé depuis, avec le tracas de ces temps passés on oublie bien des choses.

(Il avait fait en 1870 tout le siège de Paris, et perdu peu après son père et sa mère).

J'y ai pensé souvent lui dis-je, si nous allions voir en quel état il est.

Nous le trouverons tel que nous l'avons recueilli dans un piteux état de délabrement.

Finissons notre bouteille et allons-y le temps me dure trop de le revoir.

Non, tu sais qu'ils sont toujours à la tête, et puis j'ai mes raisons pour cela, viens ce soir à dix heures, je te le remettrai, tu l'examineras, ta femme est adroite de ses mains, peut-être pourra-t-elle le rendre un peu plus frais et moins déguenillé.

Convenu, buvons encore une bouteille à sa santé ! pauvre drapeau ! qu'il nous avait causé de soucis.

Le soir à 10 heures, je fus fidèle au rendez-vous. J'apportai chez moi et montai dans ma chambre les restes sacrés du vieux drapeau ; mais de la nuit je ne pus fermer l'œil dans ce pieux voisinage tant il me tardait de visiter au grand jour ces glorieux débris.

Le lendemain de grand matin, j'étalai sur le lit le pauvre mutilé et, ô surprise, les franges seulement s'étaient détachées de l'étoffe, la double enveloppe avait conservé le blanc et les inscriptions.

Il ne manquait qu'une partie du rouge, que le fouettement de l'orage avait effiloché et dont il restait des fragments à la frange.

La hampe était intacte, le coq gaulois seul était dans un piteux état, il ne semblait ni coq, ni aigle, pas même une poule mouillée ; je le défis et le jetai comme étant hors d'usage.

J'appelai aussitôt ma femme : Vieille, lui dis-je, voilà qui se recommande à tes soins.

Que veux-tu que je fasse de ces guenilles? me répondit-elle; ça guenilles, guenilles pour toi; mais reliques pour moi.

Tu verras le rouge qui manque, et le peu qu'il en reste tu le piqueras sur le morceau que tu adjoindras. « Oui l'homme ».

Comme tu fronçais déjà les sourcils, je ne voyais pas que c'était un drapeau! C'est donc de çà que tu causais hier si secrètement avec ton ami Jean? Nous l'arrangerons du mieux que nous pourrons.

Ça ne fait rien, nous allons rire au 30 juin; il y a des nez qui vont s'allonger d'une aune, quand ce ne serait que celui de notre adjoint *Rodin* qui semble déjà un éteignoir et qui va prendre les proportions d'une phénoménale carotte.

Quand ma femme l'eut retapé, je lui donnai moi-même les derniers soins. Je me rappelais avoir été canut; je pris chez mon boulanger une miche chaude dont j'émiettai la mie sur la soie, que je frottai ensuite avec une brosse douce en ayant soin d'éviter de passer sur les lettres d'or; les taches disparurent comme par enchantement, la soie reprit un éclat relatif et reparut dans un état de propreté satisfaisant. Il restait alors à la fixer à la hampe. Oh! qu'en ce moment j'aurais voulu avoir des clous en or, je les y aurais mis avec plaisir.

Une idée jaillit soudain de ma jugeotte, j'allai trouver mon ami Gambetta, bourrelier-cafetier, et je lui demandai une demi-douzaine de clous à tête dorée.

— Que diable veux-tu en faire, me dit-il?

— C'est pour réparer un vieux fauteuil qui a servi à ma grand'-mère, à ma mère, et qui peut servir à ma femme.

— Tu es fort pour conserver les antiquités.

— Combien ta douzaine de clous, lui dis-je?

— Paye un verre de ce que tu voudras.

— Eh bien! sers deux verres de mac-mahon, car je suis pressé.

— Deux mac-mahon! comprends pas,

— Deux ganaches, si tu préfères.

— Compris!

Peu après, mon drapeau se trouvait reconstitué comme en ses plus beaux jours.

Je fis signe à mon ami Jean, et je le lui montrai.

— Bravo! fit-il; je n'aurais jamais cru, ma vieille branche, que tu le remettes en cet état. Tu peux le montrer au 30 juin, on le reconnaîtra; mais ouvre l'œil, ils sont encore à la tête.

— Tête ou queue, je le tiens; ils ont essayé de le détruire, ils ne le tateront plus, l'aura qui je voudrai.

Trois jours avant le 30 juin, mon père vint me trouver et me dit :

— Tu sais, fils, nous faisons un banquet entre une douzaine d'amis, en l'honneur de la fête nationale ; tu préviendras ta bourgeoise qu'elle ait à nous préparer un petit dîner choisi. Il y aura Zet Marteau, Benoît et compagnie. Dauphiné veut un concert le soir, il a retenu la musique à cet effet. Si tu le désires, j'apporterai demain des drapeaux de Vienne pour pavoiser.

— Merci, lui dis-je, j'ai celui que les conscrits m'ont donné à garder.

— Il est trop grand, répondit-il, je t'en apporterai des petits. Il y a plusieurs citoyens qui m'en ont commandés.

— Et le vieux que j'ai arrangé, s'écria subitement ma femme, tu ne le mettras donc pas ?

J'avais beau lui faire signe de se taire, va te faire lonlaire, le mot était lâché.

— Quel vieux ? demanda le père Progrès, qui ne comprenait rien à notre pantomime.

La femme parlait de guerre, de tyrans, d'esclavage. On ne pouvait plus tergiverser. Il fallut avouer quand mon père me demanda enfin :

— Mais qu'est-ce donc que ce vieux drapeau ?

Je lui contai alors le sauvetage et la résurrection du vieil étendard ; il fallut sur-le-champ le lui montrer.

Quand il eut reconnu, il en resta muet de surprise, et immobile de saisissement. Sauvé, dit-il enfin, et il se mit à battre des ailes de pigeons et des entre-chats, en renversant tous mes meubles ; pas possible, s'écriait-il, pas possible.

Si le pauvre Pierre-la-Bête ne s'était laissé mourir, serait-il content, il faut que je l'embrasse ce pauvre vieux.

Allez-vous déménager, lui dis-je ?

Belle-fille cria-t-il à tue-tête, allez vite chercher une bouteille de vin vieux, je me fends de cette affaire, je commence la fête avant l'heure, canailles ! qui aviez voulu le détruire.

Nous vidâmes la bouteille et je lui recommandai de n'en souffler mot à personne ; il me le promit, mais le même soir il s'en fut chez Dauphiné, et tous deux commencèrent sur son établi de menuisier, par force libations, à célébrer la fête nationale.

Le samedi, la veille du 30, le bruit courait dans le village de la résurrection du vieux drapeau, mais comme ce bruit émanait du père Progrès, on crut à un canard, tant sa disparition avait été cachée.

Le 30 au matin, le drapeau flottait au balcon du premier étage de ma maison ; le père Progrès, luisant dans ses plus beaux habits, se promenait dessous de long en large, et le montrant à tous, s'écriait : Dis donc, citoyens, je crois qu'il y en a qui vont rester aujourd'hui dans leur tannière ; ils auront bien honte de sortir, mais ils ont autant de cœur que le rocher de Pierre-Scize.

Dauphiné se trouvait de passer ; tu le vois, le pauvre vieux, lui dit-il, tu as le nez bien long mais celui de Rodin le dépassera encore.

Le vieil étendard eut les honneurs de la journée.

Je vis un vieux de la vieille pleurer de joie en le revoyant, et me disant : Fils, ça me fait revivre de le revoir ; quand je pense à la lutte qu'il nous a fallu soutenir à Bourgoin pour le ramener.

La municipalité n'essaya même pas de le réclamer sachant combien ils étaient coupables ; elle savait bien qu'il était entre bonnes mains et qu'il n'appartenait qu'à moi.

Beaucoup de personnes de Saint-Jean et des environs vinrent le visiter, surtout à cause de l'inscription.

A la demande de plusieurs amis, le jour de l'anniversaire du 24 février 1879, je l'apportai à la L.˙. la Persév.˙. de Vienne, où je le laissai deux ans.

Le 14 juillet 1881 et 1882, je le fis de nouveau flotter à mon balcon pour faire taire certains soupçons injurieux de faux citoyens qui, comprenant sa valeur, prétendaient que j'en avais fait un usage, qu'ils en auraient peut-être fait à ma place.

Il plane maintenant à la Vén.˙. L.˙. la Persév.˙. où il occupe la place d'honneur en compagnie d'autres, ses cadets, qui représentent des puissances et des villes libres.

Quand je le vois, je sens encore un frisson patriotique courir en moi comme au temps où il y avait honneur et gloire de combattre pour la liberté, où l'on était toujours battu jamais vaincu.

Pauvre drapeau ! que sont devenus tes adorateurs, le père Progrès, Dauphiné, zet Marteau, Pierre-la-Bête et Mahomey ?

Les quatre premiers ont payé leur dette à la nature et reposent du sommeil sans fin ; seul, Mahomey, courbé sous le poids de travail et des infirmités, va toujours évoquant l'ombre de Marat, en attendant que le destin mette un terme à une carrière de travail, de dévouement et d'abnégation pour les siens.

Aujourd'hui, une nouvelle administration municipale, composée de citoyens dévoués aux intérêts de leur pays a remplacé l'ancienne, qui ne visait que ses intérêts personnels et ceux de sa coterie réactionnaire, et travaille activement à toutes les réformes, sous l'égide d'un maire jeune et actif.

Si le gouvernement faisait une statistique des drapeaux de 1793, il en retrouverait peu qui ont traversé ces époques de réaction qui se sont succédé jusqu'à nos jours.

Il y a des drapeaux de régiments qui sont décorés de la Légion d'honneur ; mais toi, mon vieux drapeau, tu mériterais bien une médaille d'honneur civile, mais avant que tu n'atteignes ton centenaire.

Je crains que tes bourreaux, qui existent encore, ne soient décorés, l'un du *Mérite agricole*, l'autre de la *Légion d'honneur* pour services exceptionnels rendus à leur pays.

FIN

François CHAPOTAT.

Vienne, mars 1890.

2710 — Imprimerie Nouvelle, rue Ferrandière, 52, Lyon.

www.ingramcontent.com/pod-product-compliance
Lightning Source LLC
Chambersburg PA
CBHW051322050726
47595CB00008B/3672